THIS WOD
JOURNAL
BELONGS TO

_____

_____

8 Most Popular Crossfit Workouts

CINDY

For 20 minutes:

5 PULL-UPS

10 PUSH-UPS

15 SQUATS

ANNIE

50, 40, 30, 20, 10 REPS:

DOUBLE UNDERS

SIT-UPS

GRACE

For time:

30 CLEAN and JERKS

FRAN

For time:

21 THRUSTERS

21 PULL-UPS

15 THRUSTERS

15 PULL-UPS

9 THRUSTERS

9 PULL-UPS

ANGIE

For time:

100 PULL-UPS

100 PUSH-UPS

100 SIT-UPS

100 SQUATS

HELEN

For time:

400 METER RUN

21 KETTLEBELL SWINGS

12 PULL-UPS

MURPH

1 MILE RUN

100 PULL-UPS

200 PUSH-UPS

300 SQUATS

1 MILE RUN

JACKIE

For time:

1000 METERS ROW

50 THRUSTERS

30 PULL-UPS

WOD NAME   **PAGES**

WOD NAME	PAGES

WOD NAME	PAGES

WOD NAME	PAGES

WOD NAME	PAGES

WOD NAME:

DATE	M ☐ T ☐ W ☐ T ☐ F ☐ S ☐ S ☐
START TIME	END TIME

STRENGTH/SKILL

WOD

	SCORE/TIME

Notes _____

WOD NAME:

DATE	M ☐ T ☐ W ☐ T ☐ F ☐ S ☐ S ☐
START TIME	END TIME

STRENGTH/SKILL

WOD

	SCORE/TIME

Notes _____

WOD NAME:	
DATE	M ☐ T ☐ W ☐ T ☐ F ☐ S ☐ S ☐
START TIME	END TIME
STRENGTH/SKILL	
WOD	
	SCORE/TIME

Notes _____

WOD NAME:	
DATE	M ☐ T ☐ W ☐ T ☐ F ☐ S ☐ S ☐
START TIME	END TIME
STRENGTH/SKILL	
WOD	
	SCORE/TIME

Notes _____

WOD NAME:

DATE	M ☐ T ☐ W ☐ T ☐ F ☐ S ☐ S ☐
START TIME	END TIME

STRENGTH/SKILL

WOD

	SCORE/TIME

Notes _____

WOD NAME:

DATE	M ☐ T ☐ W ☐ T ☐ F ☐ S ☐ S ☐
START TIME	END TIME

STRENGTH/SKILL

WOD

	SCORE/TIME

Notes _____

WOD NAME:							
DATE	M ☐	T ☐	W ☐	T ☐	F ☐	S ☐	S ☐
START TIME		END TIME					
STRENGTH/SKILL							
WOD							
	SCORE/TIME						

Notes _____

WOD NAME:							
DATE	M ☐	T ☐	W ☐	T ☐	F ☐	S ☐	S ☐
START TIME		END TIME					
STRENGTH/SKILL							
WOD							
	SCORE/TIME						

Notes _____

WOD NAME:							
DATE	M ☐	T ☐	W ☐	T ☐	F ☐	S ☐	S ☐

START TIME	END TIME

STRENGTH/SKILL

WOD

	SCORE/TIME

Notes _____

WOD NAME:							
DATE	M ☐	T ☐	W ☐	T ☐	F ☐	S ☐	S ☐

START TIME	END TIME

STRENGTH/SKILL

WOD

	SCORE/TIME

Notes _____

WOD NAME:							
DATE	M ☐ T ☐ W ☐ T ☐ F ☐ S ☐ S ☐						
START TIME	END TIME						
STRENGTH/SKILL							
WOD							
	SCORE/TIME						

Notes _____

_____

WOD NAME:							
DATE	M ☐ T ☐ W ☐ T ☐ F ☐ S ☐ S ☐						
START TIME	END TIME						
STRENGTH/SKILL							
WOD							
	SCORE/TIME						

Notes _____

WOD NAME:

DATE	M ☐ T ☐ W ☐ T ☐ F ☐ S ☐ S ☐
START TIME	END TIME

STRENGTH/SKILL

WOD

SCORE/TIME

Notes _____

WOD NAME:

DATE	M ☐ T ☐ W ☐ T ☐ F ☐ S ☐ S ☐
START TIME	END TIME

STRENGTH/SKILL

WOD

SCORE/TIME

Notes _____

WOD NAME:	
DATE	M☐ T☐ W☐ T☐ F☐ S☐ S☐
START TIME	END TIME
STRENGTH/SKILL	
WOD	
	SCORE/TIME

Notes _____

WOD NAME:	
DATE	M☐ T☐ W☐ T☐ F☐ S☐ S☐
START TIME	END TIME
STRENGTH/SKILL	
WOD	
	SCORE/TIME

Notes _____

WOD NAME:

DATE	M ☐ T ☐ W ☐ T ☐ F ☐ S ☐ S ☐
START TIME	END TIME

STRENGTH/SKILL

WOD

	SCORE/TIME

Notes _____

WOD NAME:

DATE	M ☐ T ☐ W ☐ T ☐ F ☐ S ☐ S ☐
START TIME	END TIME

STRENGTH/SKILL

WOD

	SCORE/TIME

Notes _____

WOD NAME:		
DATE	M ☐ T ☐ W ☐ T ☐ F ☐ S ☐ S ☐	
START TIME	END TIME	
STRENGTH/SKILL		
WOD		
	SCORE/TIME	

Notes _____

WOD NAME:		
DATE	M ☐ T ☐ W ☐ T ☐ F ☐ S ☐ S ☐	
START TIME	END TIME	
STRENGTH/SKILL		
WOD		
	SCORE/TIME	

Notes _____

WOD NAME:	
DATE	M ☐ T ☐ W ☐ T ☐ F ☐ S ☐ S ☐
START TIME	END TIME
STRENGTH/SKILL	
WOD	
	SCORE/TIME

Notes _____

_____

WOD NAME:	
DATE	M ☐ T ☐ W ☐ T ☐ F ☐ S ☐ S ☐
START TIME	END TIME
STRENGTH/SKILL	
WOD	
	SCORE/TIME

Notes _____

WOD NAME:		
DATE	M ☐ T ☐ W ☐ T ☐ F ☐ S ☐ S ☐	
START TIME	END TIME	
STRENGTH/SKILL		
WOD		
	SCORE/TIME	

Notes _____

WOD NAME:		
DATE	M ☐ T ☐ W ☐ T ☐ F ☐ S ☐ S ☐	
START TIME	END TIME	
STRENGTH/SKILL		
WOD		
	SCORE/TIME	

Notes _____

WOD NAME:

DATE	M ☐ T ☐ W ☐ T ☐ F ☐ S ☐ S ☐
START TIME	END TIME

STRENGTH/SKILL

WOD

SCORE/TIME

Notes _____

WOD NAME:

DATE	M ☐ T ☐ W ☐ T ☐ F ☐ S ☐ S ☐
START TIME	END TIME

STRENGTH/SKILL

WOD

SCORE/TIME

Notes _____

WOD NAME:							
DATE	M ☐	T ☐	W ☐	T ☐	F ☐	S ☐	S ☐
START TIME		END TIME					
STRENGTH/SKILL							
WOD							
	SCORE/TIME						

Notes _____

WOD NAME:							
DATE	M ☐	T ☐	W ☐	T ☐	F ☐	S ☐	S ☐
START TIME		END TIME					
STRENGTH/SKILL							
WOD							
	SCORE/TIME						

Notes _____

WOD NAME:								
DATE	M☐	T☐	W☐	T☐	F☐	S☐	S☐	
START TIME			END TIME					
STRENGTH/SKILL								
WOD								
			SCORE/TIME					

Notes _____

WOD NAME:								
DATE	M☐	T☐	W☐	T☐	F☐	S☐	S☐	
START TIME			END TIME					
STRENGTH/SKILL								
WOD								
			SCORE/TIME					

Notes _____

WOD NAME:	
DATE	M☐ T☐ W☐ T☐ F☐ S☐ S☐
START TIME	END TIME
STRENGTH/SKILL	
WOD	
	SCORE/TIME

Notes _____

WOD NAME:	
DATE	M☐ T☐ W☐ T☐ F☐ S☐ S☐
START TIME	END TIME
STRENGTH/SKILL	
WOD	
	SCORE/TIME

Notes _____

WOD NAME:

DATE	M☐ T☐ W☐ T☐ F☐ S☐ S☐

START TIME	END TIME

STRENGTH/SKILL

WOD

	SCORE/TIME

Notes _____

WOD NAME:

DATE	M☐ T☐ W☐ T☐ F☐ S☐ S☐

START TIME	END TIME

STRENGTH/SKILL

WOD

	SCORE/TIME

Notes _____

WOD NAME:

DATE	M ☐ T ☐ W ☐ T ☐ F ☐ S ☐ S ☐

START TIME	END TIME

STRENGTH/SKILL

WOD

SCORE/TIME

Notes _____

WOD NAME:

DATE	M ☐ T ☐ W ☐ T ☐ F ☐ S ☐ S ☐

START TIME	END TIME

STRENGTH/SKILL

WOD

SCORE/TIME

Notes _____

WOD NAME:	
DATE	M☐ T☐ W☐ T☐ F☐ S☐ S☐
START TIME	END TIME
STRENGTH/SKILL	
WOD	
	SCORE/TIME

Notes _____

WOD NAME:	
DATE	M☐ T☐ W☐ T☐ F☐ S☐ S☐
START TIME	END TIME
STRENGTH/SKILL	
WOD	
	SCORE/TIME

Notes _____

WOD NAME:	
DATE	M☐ T☐ W☐ T☐ F☐ S☐ S☐
START TIME	END TIME
STRENGTH/SKILL	
WOD	
	SCORE/TIME

Notes _____

WOD NAME:	
DATE	M☐ T☐ W☐ T☐ F☐ S☐ S☐
START TIME	END TIME
STRENGTH/SKILL	
WOD	
	SCORE/TIME

Notes _____

WOD NAME:							
DATE	M ☐	T ☐	W ☐	T ☐	F ☐	S ☐	S ☐
START TIME			END TIME				
STRENGTH/SKILL							
WOD							
	SCORE/TIME						

Notes _____

WOD NAME:							
DATE	M ☐	T ☐	W ☐	T ☐	F ☐	S ☐	S ☐
START TIME			END TIME				
STRENGTH/SKILL							
WOD							
	SCORE/TIME						

Notes _____

WOD NAME:

DATE	M ☐ T ☐ W ☐ T ☐ F ☐ S ☐ S ☐

START TIME	END TIME

STRENGTH/SKILL

WOD

	SCORE/TIME

Notes _____

_____

WOD NAME:

DATE	M ☐ T ☐ W ☐ T ☐ F ☐ S ☐ S ☐

START TIME	END TIME

STRENGTH/SKILL

WOD

	SCORE/TIME

Notes _____

WOD NAME:	
DATE	M☐ T☐ W☐ T☐ F☐ S☐ S☐
START TIME	END TIME
STRENGTH/SKILL	
WOD	
	SCORE/TIME

Notes _____

WOD NAME:	
DATE	M☐ T☐ W☐ T☐ F☐ S☐ S☐
START TIME	END TIME
STRENGTH/SKILL	
WOD	
	SCORE/TIME

Notes _____

WOD NAME:

DATE	M ☐ T ☐ W ☐ T ☐ F ☐ S ☐ S ☐
START TIME	END TIME

STRENGTH/SKILL

WOD

SCORE/TIME

Notes _____

WOD NAME:

DATE	M ☐ T ☐ W ☐ T ☐ F ☐ S ☐ S ☐
START TIME	END TIME

STRENGTH/SKILL

WOD

SCORE/TIME

Notes _____

WOD NAME:							
DATE	M ☐	T ☐	W ☐	T ☐	F ☐	S ☐	S ☐
START TIME			END TIME				
STRENGTH/SKILL							
WOD							
	SCORE/TIME						

Notes _____

WOD NAME:							
DATE	M ☐	T ☐	W ☐	T ☐	F ☐	S ☐	S ☐
START TIME			END TIME				
STRENGTH/SKILL							
WOD							
	SCORE/TIME						

Notes _____

WOD NAME:

DATE	M ☐ T ☐ W ☐ T ☐ F ☐ S ☐ S ☐

START TIME	END TIME

STRENGTH/SKILL

WOD

	SCORE/TIME

Notes _____

WOD NAME:

DATE	M ☐ T ☐ W ☐ T ☐ F ☐ S ☐ S ☐

START TIME	END TIME

STRENGTH/SKILL

WOD

	SCORE/TIME

Notes _____

WOD NAME:							
DATE	M ☐	T ☐	W ☐	T ☐	F ☐	S ☐	S ☐
START TIME		END TIME					
STRENGTH/SKILL							
WOD							
	SCORE/TIME						

Notes _____

_____

WOD NAME:							
DATE	M ☐	T ☐	W ☐	T ☐	F ☐	S ☐	S ☐
START TIME		END TIME					
STRENGTH/SKILL							
WOD							
	SCORE/TIME						

Notes _____

WOD NAME:

DATE	M ☐ T ☐ W ☐ T ☐ F ☐ S ☐ S ☐

START TIME	END TIME

STRENGTH/SKILL

WOD

	SCORE/TIME

Notes _____

_____

WOD NAME:

DATE	M ☐ T ☐ W ☐ T ☐ F ☐ S ☐ S ☐

START TIME	END TIME

STRENGTH/SKILL

WOD

	SCORE/TIME

Notes _____

WOD NAME:	
DATE	M ☐ T ☐ W ☐ T ☐ F ☐ S ☐ S ☐
START TIME	END TIME
STRENGTH/SKILL	
WOD	
	SCORE/TIME

Notes _____

WOD NAME:	
DATE	M ☐ T ☐ W ☐ T ☐ F ☐ S ☐ S ☐
START TIME	END TIME
STRENGTH/SKILL	
WOD	
	SCORE/TIME

Notes _____

WOD NAME:	
DATE	M☐ T☐ W☐ T☐ F☐ S☐ S☐
START TIME	END TIME
STRENGTH/SKILL	
WOD	
	SCORE/TIME

Notes _____

WOD NAME:	
DATE	M☐ T☐ W☐ T☐ F☐ S☐ S☐
START TIME	END TIME
STRENGTH/SKILL	
WOD	
	SCORE/TIME

Notes _____

WOD NAME:							
DATE	M ☐	T ☐	W ☐	T ☐	F ☐	S ☐	S ☐
START TIME		END TIME					
STRENGTH/SKILL							
WOD							
	SCORE/TIME						

Notes _____

WOD NAME:							
DATE	M ☐	T ☐	W ☐	T ☐	F ☐	S ☐	S ☐
START TIME		END TIME					
STRENGTH/SKILL							
WOD							
	SCORE/TIME						

Notes _____

WOD NAME:

DATE	M ☐ T ☐ W ☐ T ☐ F ☐ S ☐ S ☐
START TIME	END TIME

STRENGTH/SKILL

WOD

SCORE/TIME

Notes _____

WOD NAME:

DATE	M ☐ T ☐ W ☐ T ☐ F ☐ S ☐ S ☐
START TIME	END TIME

STRENGTH/SKILL

WOD

SCORE/TIME

Notes _____

WOD NAME:

DATE	M ☐ T ☐ W ☐ T ☐ F ☐ S ☐ S ☐
START TIME	END TIME

STRENGTH/SKILL

WOD

	SCORE/TIME

Notes _____

WOD NAME:

DATE	M ☐ T ☐ W ☐ T ☐ F ☐ S ☐ S ☐
START TIME	END TIME

STRENGTH/SKILL

WOD

	SCORE/TIME

Notes _____

WOD NAME:

DATE	M ☐ T ☐ W ☐ T ☐ F ☐ S ☐ S ☐
START TIME	END TIME

STRENGTH/SKILL

WOD

SCORE/TIME

Notes _____

WOD NAME:

DATE	M ☐ T ☐ W ☐ T ☐ F ☐ S ☐ S ☐
START TIME	END TIME

STRENGTH/SKILL

WOD

SCORE/TIME

Notes _____

WOD NAME:							
DATE	M ☐	T ☐	W ☐	T ☐	F ☐	S ☐	S ☐
START TIME		END TIME					
STRENGTH/SKILL							
WOD							
		SCORE/TIME					

Notes _____

WOD NAME:							
DATE	M ☐	T ☐	W ☐	T ☐	F ☐	S ☐	S ☐
START TIME		END TIME					
STRENGTH/SKILL							
WOD							
		SCORE/TIME					

Notes _____

WOD NAME:	
DATE	M ☐ T ☐ W ☐ T ☐ F ☐ S ☐ S ☐
START TIME	END TIME
STRENGTH/SKILL	
WOD	
	SCORE/TIME

Notes _____

WOD NAME:	
DATE	M ☐ T ☐ W ☐ T ☐ F ☐ S ☐ S ☐
START TIME	END TIME
STRENGTH/SKILL	
WOD	
	SCORE/TIME

Notes _____

WOD NAME:	
DATE	M ☐ T ☐ W ☐ T ☐ F ☐ S ☐ S ☐
START TIME	END TIME
STRENGTH/SKILL	
WOD	
	SCORE/TIME

Notes _____

_____

WOD NAME:	
DATE	M ☐ T ☐ W ☐ T ☐ F ☐ S ☐ S ☐
START TIME	END TIME
STRENGTH/SKILL	
WOD	
	SCORE/TIME

Notes _____

WOD NAME:	
DATE	M ☐ T ☐ W ☐ T ☐ F ☐ S ☐ S ☐
START TIME	END TIME
STRENGTH/SKILL	
WOD	
	SCORE/TIME

Notes _____

_____

WOD NAME:	
DATE	M ☐ T ☐ W ☐ T ☐ F ☐ S ☐ S ☐
START TIME	END TIME
STRENGTH/SKILL	
WOD	
	SCORE/TIME

Notes _____

WOD NAME:

DATE	M ☐ T ☐ W ☐ T ☐ F ☐ S ☐ S ☐

START TIME	END TIME

STRENGTH/SKILL

WOD

SCORE/TIME

Notes _____

WOD NAME:

DATE	M ☐ T ☐ W ☐ T ☐ F ☐ S ☐ S ☐

START TIME	END TIME

STRENGTH/SKILL

WOD

SCORE/TIME

Notes _____

WOD NAME:

DATE	M ☐ T ☐ W ☐ T ☐ F ☐ S ☐ S ☐
START TIME	END TIME

STRENGTH/SKILL

WOD

SCORE/TIME

Notes _____

WOD NAME:

DATE	M ☐ T ☐ W ☐ T ☐ F ☐ S ☐ S ☐
START TIME	END TIME

STRENGTH/SKILL

WOD

SCORE/TIME

Notes _____

WOD NAME:	
DATE	M ☐ T ☐ W ☐ T ☐ F ☐ S ☐ S ☐
START TIME	END TIME
STRENGTH/SKILL	
WOD	
	SCORE/TIME

Notes _____

WOD NAME:	
DATE	M ☐ T ☐ W ☐ T ☐ F ☐ S ☐ S ☐
START TIME	END TIME
STRENGTH/SKILL	
WOD	
	SCORE/TIME

Notes _____

WOD NAME:	
DATE	M☐ T☐ W☐ T☐ F☐ S☐ S☐
START TIME	END TIME
STRENGTH/SKILL	
WOD	
	SCORE/TIME

Notes _____

WOD NAME:	
DATE	M☐ T☐ W☐ T☐ F☐ S☐ S☐
START TIME	END TIME
STRENGTH/SKILL	
WOD	
	SCORE/TIME

Notes _____

WOD NAME:

DATE	M ☐ T ☐ W ☐ T ☐ F ☐ S ☐ S ☐
START TIME	END TIME

STRENGTH/SKILL

WOD

SCORE/TIME

Notes _____

WOD NAME:

DATE	M ☐ T ☐ W ☐ T ☐ F ☐ S ☐ S ☐
START TIME	END TIME

STRENGTH/SKILL

WOD

SCORE/TIME

Notes _____

WOD NAME:	
DATE	M ☐ T ☐ W ☐ T ☐ F ☐ S ☐ S ☐
START TIME	END TIME
STRENGTH/SKILL	
WOD	
	SCORE/TIME

Notes _____

_____

WOD NAME:	
DATE	M ☐ T ☐ W ☐ T ☐ F ☐ S ☐ S ☐
START TIME	END TIME
STRENGTH/SKILL	
WOD	
	SCORE/TIME

Notes _____

WOD NAME:

DATE	M ☐ T ☐ W ☐ T ☐ F ☐ S ☐ S ☐
START TIME	END TIME

STRENGTH/SKILL

WOD

	SCORE/TIME

Notes _____

WOD NAME:

DATE	M ☐ T ☐ W ☐ T ☐ F ☐ S ☐ S ☐
START TIME	END TIME

STRENGTH/SKILL

WOD

	SCORE/TIME

Notes _____

WOD NAME:

DATE	M ☐ T ☐ W ☐ T ☐ F ☐ S ☐ S ☐
START TIME	END TIME

STRENGTH/SKILL

WOD

SCORE/TIME

Notes _____

WOD NAME:

DATE	M ☐ T ☐ W ☐ T ☐ F ☐ S ☐ S ☐
START TIME	END TIME

STRENGTH/SKILL

WOD

SCORE/TIME

Notes _____

WOD NAME:	
DATE	M☐ T☐ W☐ T☐ F☐ S☐ S☐
START TIME	END TIME
STRENGTH/SKILL	
WOD	
	SCORE/TIME

Notes _____

WOD NAME:	
DATE	M☐ T☐ W☐ T☐ F☐ S☐ S☐
START TIME	END TIME
STRENGTH/SKILL	
WOD	
	SCORE/TIME

Notes _____

WOD NAME:

DATE	M ☐ T ☐ W ☐ T ☐ F ☐ S ☐ S ☐

START TIME	END TIME

STRENGTH/SKILL

WOD

SCORE/TIME

Notes _____

WOD NAME:

DATE	M ☐ T ☐ W ☐ T ☐ F ☐ S ☐ S ☐

START TIME	END TIME

STRENGTH/SKILL

WOD

SCORE/TIME

Notes _____

WOD NAME:							
DATE	M ☐	T ☐	W ☐	T ☐	F ☐	S ☐	S ☐
START TIME		END TIME					
STRENGTH/SKILL							
WOD							
	SCORE/TIME						

Notes _____

WOD NAME:							
DATE	M ☐	T ☐	W ☐	T ☐	F ☐	S ☐	S ☐
START TIME		END TIME					
STRENGTH/SKILL							
WOD							
	SCORE/TIME						

Notes _____

WOD NAME:	
DATE	M ☐ T ☐ W ☐ T ☐ F ☐ S ☐ S ☐
START TIME	END TIME
STRENGTH/SKILL	
WOD	
	SCORE/TIME

Notes _____

WOD NAME:	
DATE	M ☐ T ☐ W ☐ T ☐ F ☐ S ☐ S ☐
START TIME	END TIME
STRENGTH/SKILL	
WOD	
	SCORE/TIME

Notes _____

WOD NAME:								
DATE		M ☐	T ☐	W ☐	T ☐	F ☐	S ☐	S ☐
START TIME		END TIME						
STRENGTH/SKILL								
WOD								
	SCORE/TIME							

Notes _____

_____

WOD NAME:								
DATE		M ☐	T ☐	W ☐	T ☐	F ☐	S ☐	S ☐
START TIME		END TIME						
STRENGTH/SKILL								
WOD								
	SCORE/TIME							

Notes _____

WOD NAME:							
DATE		M☐ T☐ W☐ T☐ F☐ S☐ S☐					
START TIME		END TIME					
STRENGTH/SKILL							
WOD							
	SCORE/TIME						

Notes _____

_____

WOD NAME:							
DATE		M☐ T☐ W☐ T☐ F☐ S☐ S☐					
START TIME		END TIME					
STRENGTH/SKILL							
WOD							
	SCORE/TIME						

Notes _____

WOD NAME:	
DATE	M ☐ T ☐ W ☐ T ☐ F ☐ S ☐ S ☐
START TIME	END TIME
STRENGTH/SKILL	
WOD	
	SCORE/TIME

Notes _____

WOD NAME:	
DATE	M ☐ T ☐ W ☐ T ☐ F ☐ S ☐ S ☐
START TIME	END TIME
STRENGTH/SKILL	
WOD	
	SCORE/TIME

Notes _____

WOD NAME:	
DATE	M ☐ T ☐ W ☐ T ☐ F ☐ S ☐ S ☐
START TIME	END TIME
STRENGTH/SKILL	
WOD	
	SCORE/TIME

Notes _____

WOD NAME:	
DATE	M ☐ T ☐ W ☐ T ☐ F ☐ S ☐ S ☐
START TIME	END TIME
STRENGTH/SKILL	
WOD	
	SCORE/TIME

Notes _____

WOD NAME:	
DATE	M☐ T☐ W☐ T☐ F☐ S☐ S☐
START TIME	END TIME
STRENGTH/SKILL	
WOD	
	SCORE/TIME

Notes _____

WOD NAME:	
DATE	M☐ T☐ W☐ T☐ F☐ S☐ S☐
START TIME	END TIME
STRENGTH/SKILL	
WOD	
	SCORE/TIME

Notes _____

WOD NAME:

DATE	M ☐ T ☐ W ☐ T ☐ F ☐ S ☐ S ☐

START TIME	END TIME

STRENGTH/SKILL

WOD

	SCORE/TIME

Notes _____

WOD NAME:

DATE	M ☐ T ☐ W ☐ T ☐ F ☐ S ☐ S ☐

START TIME	END TIME

STRENGTH/SKILL

WOD

	SCORE/TIME

Notes _____

WOD NAME:	
DATE	M☐ T☐ W☐ T☐ F☐ S☐ S☐
START TIME	END TIME
STRENGTH/SKILL	
WOD	
	SCORE/TIME

Notes _____

_____

WOD NAME:	
DATE	M☐ T☐ W☐ T☐ F☐ S☐ S☐
START TIME	END TIME
STRENGTH/SKILL	
WOD	
	SCORE/TIME

Notes _____

WOD NAME:	
DATE	M ☐ T ☐ W ☐ T ☐ F ☐ S ☐ S ☐
START TIME	END TIME
STRENGTH/SKILL	
WOD	
	SCORE/TIME

Notes _____

WOD NAME:	
DATE	M ☐ T ☐ W ☐ T ☐ F ☐ S ☐ S ☐
START TIME	END TIME
STRENGTH/SKILL	
WOD	
	SCORE/TIME

Notes _____

WOD NAME:	
DATE	M ☐ T ☐ W ☐ T ☐ F ☐ S ☐ S ☐
START TIME	END TIME
STRENGTH/SKILL	
WOD	
	SCORE/TIME

Notes _____

WOD NAME:	
DATE	M ☐ T ☐ W ☐ T ☐ F ☐ S ☐ S ☐
START TIME	END TIME
STRENGTH/SKILL	
WOD	
	SCORE/TIME

Notes _____

WOD NAME:

DATE	M ☐ T ☐ W ☐ T ☐ F ☐ S ☐ S ☐
START TIME	END TIME

STRENGTH/SKILL

WOD

	SCORE/TIME

Notes _____

WOD NAME:

DATE	M ☐ T ☐ W ☐ T ☐ F ☐ S ☐ S ☐
START TIME	END TIME

STRENGTH/SKILL

WOD

	SCORE/TIME

Notes _____

WOD NAME:	
DATE	M☐ T☐ W☐ T☐ F☐ S☐ S☐
START TIME	END TIME
STRENGTH/SKILL	
WOD	
	SCORE/TIME

Notes _____

WOD NAME:	
DATE	M☐ T☐ W☐ T☐ F☐ S☐ S☐
START TIME	END TIME
STRENGTH/SKILL	
WOD	
	SCORE/TIME

Notes _____

WOD NAME:	
DATE	M ☐ T ☐ W ☐ T ☐ F ☐ S ☐ S ☐
START TIME	END TIME
STRENGTH/SKILL	
WOD	
	SCORE/TIME

Notes _____

WOD NAME:	
DATE	M ☐ T ☐ W ☐ T ☐ F ☐ S ☐ S ☐
START TIME	END TIME
STRENGTH/SKILL	
WOD	
	SCORE/TIME

Notes _____

WOD NAME:

DATE	M ☐ T ☐ W ☐ T ☐ F ☐ S ☐ S ☐
START TIME	END TIME

STRENGTH/SKILL

WOD

SCORE/TIME

Notes _____

WOD NAME:

DATE	M ☐ T ☐ W ☐ T ☐ F ☐ S ☐ S ☐
START TIME	END TIME

STRENGTH/SKILL

WOD

SCORE/TIME

Notes _____

WOD NAME:

DATE	M ☐ T ☐ W ☐ T ☐ F ☐ S ☐ S ☐

START TIME	END TIME

STRENGTH/SKILL

WOD

	SCORE/TIME

Notes _____

_____

WOD NAME:

DATE	M ☐ T ☐ W ☐ T ☐ F ☐ S ☐ S ☐

START TIME	END TIME

STRENGTH/SKILL

WOD

	SCORE/TIME

Notes _____

WOD NAME:							
DATE	M ☐	T ☐	W ☐	T ☐	F ☐	S ☐	S ☐

START TIME	END TIME

STRENGTH/SKILL

WOD

	SCORE/TIME

Notes _____

WOD NAME:							
DATE	M ☐	T ☐	W ☐	T ☐	F ☐	S ☐	S ☐

START TIME	END TIME

STRENGTH/SKILL

WOD

	SCORE/TIME

Notes _____

WOD NAME:							
DATE	M ☐ T ☐ W ☐ T ☐ F ☐ S ☐ S ☐						
START TIME		END TIME					
STRENGTH/SKILL							
WOD							
	SCORE/TIME						

Notes _____

_____

WOD NAME:							
DATE	M ☐ T ☐ W ☐ T ☐ F ☐ S ☐ S ☐						
START TIME		END TIME					
STRENGTH/SKILL							
WOD							
	SCORE/TIME						

Notes _____

WOD NAME:							
DATE	M ☐	T ☐	W ☐	T ☐	F ☐	S ☐	S ☐
START TIME		END TIME					
STRENGTH/SKILL							
WOD							
	SCORE/TIME						

Notes _____

WOD NAME:							
DATE	M ☐	T ☐	W ☐	T ☐	F ☐	S ☐	S ☐
START TIME		END TIME					
STRENGTH/SKILL							
WOD							
	SCORE/TIME						

Notes _____

WOD NAME:

DATE	M ☐ T ☐ W ☐ T ☐ F ☐ S ☐ S ☐
START TIME	END TIME

STRENGTH/SKILL

WOD

SCORE/TIME

Notes _____

WOD NAME:

DATE	M ☐ T ☐ W ☐ T ☐ F ☐ S ☐ S ☐
START TIME	END TIME

STRENGTH/SKILL

WOD

SCORE/TIME

Notes _____

WOD NAME:						
DATE	M☐ T☐ W☐ T☐ F☐ S☐ S☐					
START TIME		END TIME				
STRENGTH/SKILL						
WOD						
	SCORE/TIME					

Notes _____

WOD NAME:						
DATE	M☐ T☐ W☐ T☐ F☐ S☐ S☐					
START TIME		END TIME				
STRENGTH/SKILL						
WOD						
	SCORE/TIME					

Notes _____

WOD NAME:

DATE	M ☐ T ☐ W ☐ T ☐ F ☐ S ☐ S ☐

START TIME	END TIME

STRENGTH/SKILL

WOD

	SCORE/TIME

Notes _____

WOD NAME:

DATE	M ☐ T ☐ W ☐ T ☐ F ☐ S ☐ S ☐

START TIME	END TIME

STRENGTH/SKILL

WOD

	SCORE/TIME

Notes _____

WOD NAME:	
DATE	M ☐ T ☐ W ☐ T ☐ F ☐ S ☐ S ☐
START TIME	END TIME
STRENGTH/SKILL	
WOD	
	SCORE/TIME

Notes _____

WOD NAME:	
DATE	M ☐ T ☐ W ☐ T ☐ F ☐ S ☐ S ☐
START TIME	END TIME
STRENGTH/SKILL	
WOD	
	SCORE/TIME

Notes _____

WOD NAME:

DATE	M ☐ T ☐ W ☐ T ☐ F ☐ S ☐ S ☐

START TIME	END TIME

STRENGTH/SKILL

WOD

	SCORE/TIME

Notes _____

_____

WOD NAME:

DATE	M ☐ T ☐ W ☐ T ☐ F ☐ S ☐ S ☐

START TIME	END TIME

STRENGTH/SKILL

WOD

	SCORE/TIME

Notes _____

WOD NAME:

DATE	M ☐ T ☐ W ☐ T ☐ F ☐ S ☐ S ☐
START TIME	END TIME

STRENGTH/SKILL

WOD

SCORE/TIME

Notes _____

WOD NAME:

DATE	M ☐ T ☐ W ☐ T ☐ F ☐ S ☐ S ☐
START TIME	END TIME

STRENGTH/SKILL

WOD

SCORE/TIME

Notes _____

WOD NAME:	
DATE	M ☐ T ☐ W ☐ T ☐ F ☐ S ☐ S ☐
START TIME	END TIME
STRENGTH/SKILL	
WOD	
	SCORE/TIME

Notes _____

WOD NAME:	
DATE	M ☐ T ☐ W ☐ T ☐ F ☐ S ☐ S ☐
START TIME	END TIME
STRENGTH/SKILL	
WOD	
	SCORE/TIME

Notes _____

WOD NAME:							
DATE	M ☐	T ☐	W ☐	T ☐	F ☐	S ☐	S ☐
START TIME			END TIME				
STRENGTH/SKILL							
WOD							
		SCORE/TIME					

Notes _____

WOD NAME:							
DATE	M ☐	T ☐	W ☐	T ☐	F ☐	S ☐	S ☐
START TIME			END TIME				
STRENGTH/SKILL							
WOD							
		SCORE/TIME					

Notes _____

WOD NAME:

DATE	M ☐ T ☐ W ☐ T ☐ F ☐ S ☐ S ☐
START TIME	END TIME

STRENGTH/SKILL

WOD

SCORE/TIME

Notes _____

WOD NAME:

DATE	M ☐ T ☐ W ☐ T ☐ F ☐ S ☐ S ☐
START TIME	END TIME

STRENGTH/SKILL

WOD

SCORE/TIME

Notes _____

WOD NAME:	
DATE	M ☐ T ☐ W ☐ T ☐ F ☐ S ☐ S ☐
START TIME	END TIME
STRENGTH/SKILL	
WOD	
	SCORE/TIME

Notes _____

_____

WOD NAME:	
DATE	M ☐ T ☐ W ☐ T ☐ F ☐ S ☐ S ☐
START TIME	END TIME
STRENGTH/SKILL	
WOD	
	SCORE/TIME

Notes _____

WOD NAME:	
DATE	M ☐ T ☐ W ☐ T ☐ F ☐ S ☐ S ☐
START TIME	END TIME
STRENGTH/SKILL	
WOD	
	SCORE/TIME

Notes _____

_____

WOD NAME:	
DATE	M ☐ T ☐ W ☐ T ☐ F ☐ S ☐ S ☐
START TIME	END TIME
STRENGTH/SKILL	
WOD	
	SCORE/TIME

Notes _____

WOD NAME:

DATE	M ☐ T ☐ W ☐ T ☐ F ☐ S ☐ S ☐

START TIME	END TIME

STRENGTH/SKILL

WOD

	SCORE/TIME

Notes _____

WOD NAME:

DATE	M ☐ T ☐ W ☐ T ☐ F ☐ S ☐ S ☐

START TIME	END TIME

STRENGTH/SKILL

WOD

	SCORE/TIME

Notes _____

WOD NAME:

DATE	M ☐ T ☐ W ☐ T ☐ F ☐ S ☐ S ☐

START TIME	END TIME

STRENGTH/SKILL

WOD

	SCORE/TIME

Notes _____

WOD NAME:

DATE	M ☐ T ☐ W ☐ T ☐ F ☐ S ☐ S ☐

START TIME	END TIME

STRENGTH/SKILL

WOD

	SCORE/TIME

Notes _____

WOD NAME	DATE	SCORE/TIME

WOD NAME	DATE	SCORE/TIME

WOD NAME	DATE	SCORE/TIME

WOD NAME	DATE	SCORE/TIME

WOD NAME	DATE	SCORE/TIME

WOD NAME	DATE	SCORE/TIME

WOD NAME	DATE	SCORE/TIME

WOD NAME	DATE	SCORE/TIME

WOD NAME	DATE	SCORE/TIME

WOD NAME	DATE	SCORE/TIME

Printed in Great Britain
by Amazon

44897491R00057